BEI GRIN MACHT SICH IHR WISSEN BEZAHLT

- Wir veröffentlichen Ihre Hausarbeit,
  Bachelor- und Masterarbeit

- Ihr eigenes eBook und Buch -
  weltweit in allen wichtigen Shops

- Verdienen Sie an jedem Verkauf

Jetzt bei www.GRIN.com hochladen
und kostenlos publizieren

Bibliografische Information der Deutschen Nationalbibliothek:

Die Deutsche Bibliothek verzeichnet diese Publikation in der Deutschen National-
bibliografie; detaillierte bibliografische Daten sind im Internet über http://dnb.d-
nb.de/ abrufbar.

Dieses Werk sowie alle darin enthaltenen einzelnen Beiträge und Abbildungen
sind urheberrechtlich geschützt. Jede Verwertung, die nicht ausdrücklich vom
Urheberrechtsschutz zugelassen ist, bedarf der vorherigen Zustimmung des Verla-
ges. Das gilt insbesondere für Vervielfältigungen, Bearbeitungen, Übersetzungen,
Mikroverfilmungen, Auswertungen durch Datenbanken und für die Einspeicherung
und Verarbeitung in elektronische Systeme. Alle Rechte, auch die des auszugsweisen
Nachdrucks, der fotomechanischen Wiedergabe (einschließlich Mikrokopie) sowie
der Auswertung durch Datenbanken oder ähnliche Einrichtungen, vorbehalten.

Impressum:

Copyright © 2018 GRIN Verlag
Druck und Bindung: Books on Demand GmbH, Norderstedt Germany
ISBN: 9783668976269

Dieses Buch bei GRIN:

https://www.grin.com/document/489205

Lea Biechele

Humanwissenschaftliche Grundlagen. Das Verständnis von Kompetenzen in der Pädagogik

GRIN Verlag

GRIN - Your knowledge has value

Der GRIN Verlag publiziert seit 1998 wissenschaftliche Arbeiten von Studenten, Hochschullehrern und anderen Akademikern als eBook und gedrucktes Buch. Die Verlagswebsite www.grin.com ist die ideale Plattform zur Veröffentlichung von Hausarbeiten, Abschlussarbeiten, wissenschaftlichen Aufsätzen, Dissertationen und Fachbüchern.

Einsendeaufgabe

A1 Verständnis von Kompetenzen in der Pädagogik,

A2 Einfluss von Emotionen auf das Lernen,

A3 Bedürfnispyramide nach Maslow in Bezug auf die Lebenswelt Obdachloser

Modul: Humanwissenschaftliche Grundlagen der sozialen Arbeit

Studiengang: Soziale Arbeit

von

Lea Sophie Biechele

Inhaltsverzeichnis

Vorwort

Aus Gründen der besseren Lesbarkeit wird in dieser Einsendeaufgabe auf das Gendern verzichtet, gemeint sind natürlich stets alle Geschlechter.

Abkürzungsverzeichnis

bzw.	= beziehungsweise
w. o.	= weiter oben
o. g.	= oben genannt/ genannten
bspw.	= beispielsweise
etc.	= et cetera
z.B.	= zum Beispiel
a.d.	= aus der
ASH Berlin	= Alice Salomon Hochschule Berlin
e.V.	= eingetragener Verein
EBET e.V.	= Evangelischer Bundesfachverband Existenzsicherung und Teilhabe e.v.

Abbildungsverzeichnis

Tabellenverzeichnis

Anlagenverzeichnis

Textteil zu Aufgabe A₁

Weinert (2001, zitiert nach Seel & Hanke, 2015) definiert Kompetenzen wie folgt: „die bei Individuen verfügbaren oder durch sie erlernbaren kognitiven Fähigkeiten und Fertigkeiten, um bestimmte Probleme zu lösen, sowie die damit verbundenen motivationalen, volitionalen und sozialen Bereitschaften und Fähigkeiten, um die Problemlösungen in variablen Situationen erfolgreich und verantwortungsvoll nutzen zu können."

Anders als im Alltagsverständnis, wo der Kompetenzbegriff des Öfteren mit Qualifikationen, Fähigkeiten oder Fertigkeiten verglichen bzw. gleichgesetzt wird, steht er im pädagogischen Gebrauch für die Anwendung von Wissen und ist somit ein Bildungsziel. (Arenberg, 2017, S. 22)

„Qualifikation betrachtet den Lernerfolg im Hinblick auf die Verwertbarkeit [des Wissens]." (Raithel, Dollinger & Hörmann, 2009, S. 39)

Ein Beispiel aus der Praxis ist der sogenannte Ausbilderschein, der die Befähigung einer Person nachweist, andere Menschen in einem bestimmen Fachgebiet oder Beruf auszubilden.

„Kompetenz sieht den Lernerfolg im Hinblick auf die Person des Lernenden (umfassende personale Fähigkeiten und Fertigkeiten)." (Raithel et al., 2009, S. 39)

Die Entstehung von Kompetenzen aus einem Bildungsgeflecht lässt sich durch das Kompetenzmodell von Westera veranschaulichen. (Arenberg, 2017, S. 22)

Abbildung 1: Kompetenzmodell von Westera

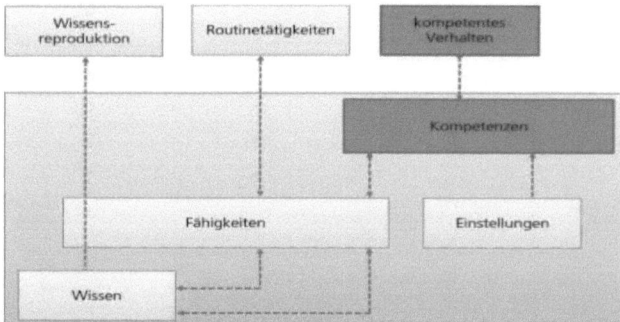

Quelle: Eigene Darstellung Arenberg, 2017, S.23, in Anlehnung an Westera, 2001, S.80

Dabei führt das reine Wissen an sich nur zu der Fähigkeit, eben dieses zu reproduzieren. Wissen in Verbindung mit Fähigkeiten ermöglicht die Ausübung von Routine- bzw. Fachtätigkeiten. Im Gegensatz dazu ist es mit Kompetenzen möglich, komplexe, nicht standardisierte Anforderungen zu bewältigen und kompetentes Verhalten zu zeigen. Hierbei ist zu beachten, dass Einstellungen die Kompetenzen und das Kompetenzverhalten beeinflussen. (Westera, 2001)

Kompetenzentwicklung meint lebenslanges Lernen: neue Kompetenzen werden erworben, alte Kompetenzen gehen verloren. Diese Entwicklung findet in Form eines überwiegend selbstorganisierten Lernens statt, das einen jeden Menschen sogar noch bis ins hohe Alter tagtäglich begleitet und fördert. Der Erwerb von Kompetenzen findet nicht allein durch Lernen im Sinne eines Stoff- oder Fertigkeitserwerbes statt. (Erpenbeck, Heyse, Meynhardt & Weinberg, 2007, S. 27)

Heinrich Roth (1971) entwickelte dazu ein einfach strukturiertes Modell, *das Modell der Handlungskompetenz*, welches bis heute noch Gültigkeit besitzt. Die Handlungskompetenz wird dabei in vier Elemente unterteilt:

Abbildung 2: Modell der Handlungskompetenz

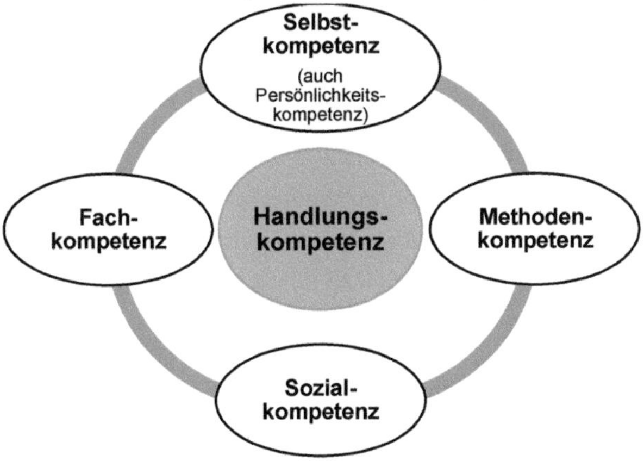

Quelle: Eigene Darstellung in Anlehnung an Arenberg, 2017, S.23

Dieses Modell geht von einer allgemeinen Handlungskompetenz aus und zielt auf die Bildung ab. (Seel & Hanke, 2015)

An erster Stelle steht die **Selbstkompetenz,** welche dazu befähigt, eigenverantwortlich und moralisch zu handeln. Die **Fachkompetenz** bezieht sich hingegen auf Fähigkeiten, bestimmte Aufgaben zu meistern. Sie entspricht dem Konzept der materialen Bildung. Um Probleme analysieren, bewerten und lösen zu können, benötigt man die **Methodenkompetenz.** Diese ist mit der Idee der formalen Bildung verknüpfbar. Ergänzend dazu beinhaltet die **Sozialkompetenz** die Befähigung, kommunikativ und kooperativ zu handeln.

Um das Ideal einer kompetenzorientierten Bildung erfüllen zu können, muss ein ausgewogenes Verhältnis zwischen den unterschiedlichen Kompetenzen unter sich herausgebildet werden.

„Der Kompetenzbegriff umfasst damit die Befähigungen von Personen, unterschiedliche Handlungsanforderungen erfolgreich zu bewältigen. Hierbei nutzen diese u.a. ihre Erfahrungen, Fähigkeiten und Fertigkeiten, Wissen, Qualifikationen und Kenntnisse." (Bartscher & Nissen, 2018)

Da Kompetenzen den Menschen ein Leben lang begleiten und diese nicht angeboren, sondern erlernt sind, können sie von außen (z.B. durch Erziehung) beeinflusst werden. Kompetenzen sind in hohem Maße kontextspezifisch, was sich darauf zurückführen lässt, dass diese in Situationen mit spezifischen Anforderungen erworben und meist in einer ähnlichen Situation angewandt werden.

Die Regulierung des selbstständigen und selbstverantwortlichen Handelns – von Roth (1971) als *Mündigkeit* bezeichnet, ist letztendlich das Ziel der Kompetenzentwicklung. Dies zu erreichen, sind unter anderem Aufgabe und Ziel von Erziehung. (Roth 1971; zitiert nach Seel & Hanke, 2015, S. 22)

An dieser Stelle ist es wichtig, die sogenannten *Schlüsselqualifikationen* zu erwähnen. Diese wurden vom deutschen Arbeits- und Bildungsforscher Dieter Mertens wie folgt definiert:

„Schlüsselqualifikationen sind demnach solche Kenntnisse, Fähigkeiten und Fertigkeiten, welche nicht unmittelbaren und begrenzten Bezug zu bestimmten, disparaten praktischen Tätigkeiten erbringen, sondern vielmehr

a) die Eignung für eine große Zahl von Positionen und Funktionen als alternative Optionen zum gleichen Zeitpunkt, und

b) die Eignung für die Bewältigung einer Sequenz von (meist unvorhersehbaren) Änderungen von Anforderungen im Laufe des Lebens." (Mertens, 1974, S. 40)

Zu den Dimensionen von Schlüsselqualifikationen zählen: die Selbstkompetenz, die Sozialkompetenz, die Methodenkompetenz und die Fach- bzw. Sachkompetenz, welche w. o. im Text bereits genauer beschrieben wurden.

Die Begriffe *Schlüsselqualifikationen* und *Schlüsselkompetenzen* können synonym verwendet werden, wobei sich der erste Begriff in den letzten Jahrzehnten weiter verbreitet hat. Sie werden auch oft als überfachliche Qualifikationen oder Metakompetenzen bezeichnet. (Arenberg, 2017)

Für die Soziale Arbeit haben sich einige Schlüsselkompetenzen herauskristallisiert:

Abbildung 3: Schlüsselqualifikationen in der Sozialen Arbeit/ Sozialpädagogik

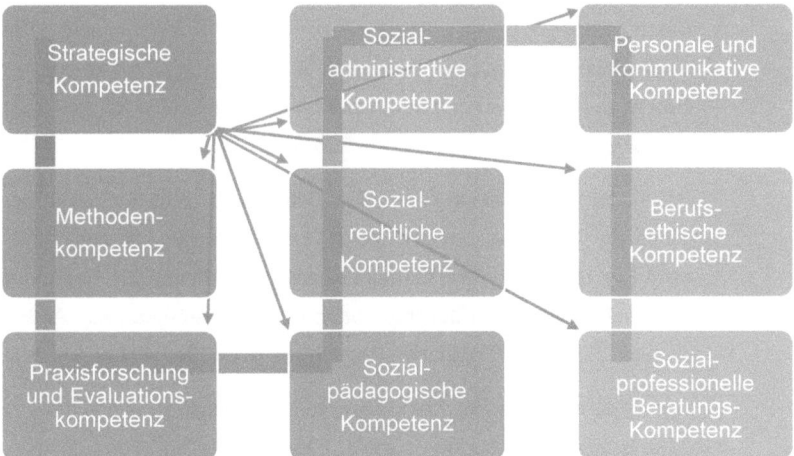

Quelle: Eigene Darstellung in Anlehnung an Maus et al., 2013, S. 12

Diese modulhafte Darstellung soll verdeutlichen, dass Soziale Arbeit sich nicht im Beherrschen einzelner Kompetenzen erschöpft und auch nicht die Summe dieser Kompetenzen ist. Vielmehr stellt die Soziale Arbeit die Fähigkeit dar, diese Kompetenzen im Hilfeprozess für den Klienten zu verknüpfen.

Dies soll an Hand der Pfeile und Richtungsweiser in dieser Abbildung verdeutlicht werden. So entsteht in Kooperation mit dem Klienten eine sozialprofessionelle Hilfe. (Maus, Nodes & Röh, 2013)

Eines der vielen Handlungsfelder der Sozialen Arbeit ist die Arbeit mit behinderten Menschen. Im Laufe der Jahrhunderte hat sich die Auffassung über Behinderung bzw. behindert-sein stark gewandelt. Die Vielfalt und Struktur der heutigen Einrichtungen der Behindertenhilfe sind immens. Das Etikett „Behinderung" und die damit verbundene Stigmatisierung werden heutzutage immer mehr in Frage gestellt. Durch frühzeitige Förderung sowie positive soziale Beziehungen, Ausbildung und professionelle begleitende Hilfen können die Chancen der Betroffenen bedeutend verbessert werden.

Das Konzept der Ambulanten Dienste, welches z.B. Familienentlastende Dienste und Pflegedienste für behinderte Menschen beinhaltet, ist nur eine der vielen speziellen Hilfen für Menschen mit Behinderung.

Durch das Angebot von pflegerischen, hauswirtschaftlichen und sozialen Diensten wird es den Menschen ermöglicht, in ihrer eigenen Wohnung, im gewohnten Lebensumfeld, zu wohnen bzw. wohnen zu bleiben. (Thesing in Thesing, Geiger, Erne-Herrmann & Klenk, 2008, S. 206–209)

Die Ambulanten Dienste helfen den Betroffenen nicht nur bei körperlichen und seelischen Belangen, sondern auch über die soziale Dimension. Zum Beispiel beim Finden von Anschluss, beim Knüpfen von Kontakten, beim Vermitteln von finanziellen Hilfen, bei der Integration in die Gesellschaft etc. Außerdem bietet sie auch Hilfe im ökologischen Bereich wie bspw. der Wohnungsanpassung.

Wichtig zu erwähnen ist, dass die ambulante Pflege an „Gesundes", wie vorhandene geistige, emotionale, soziale, ökonomische und körperliche Fähigkeiten, Fertigkeiten und Möglichkeiten, sprich den Ressourcen der entsprechenden Person anknüpft. Damit soll die Erhaltung sowie die Steigerung der vorhandenen Kompetenzen, des Maßes an Selbstständigkeit und der Teilhabe am gesellschaftlichen Leben genutzt und systematisch gefördert werden. Die behinderten Menschen lernen dadurch, ihre Kräfte so zu gebrauchen, dass die Folgen ihrer Beeinträchtigung gemindert werden und sie das Bestmögliche für sich erreichen. (Herold, 2001, S. 58–64)

Textteil zu Aufgabe A₂

Der Begriff *Lernen* wird nach Dolch wie folgt definiert: „die in der Auseinandersetzung mit der Umwelt erworbene zweckmäßige Veränderung [...] von Verhaltens- und Leistungsdispositionen." Dabei ist Lernen zugleich eine persönliche Verarbeitung von Lebenserfahrungen und findet als lebenslang dauernder Prozess statt.

Durch den Prozess des Lernens werden der Erwerb und die Veränderung von Dispositionen hervorgerufen. Dies bedeutet die Fähigkeit und Bereitschaft, sich an wechselnde Bedingungen der Umwelt relativ dauerhaft anzupassen und dadurch spezifische Aufgaben und Anforderungen meistern zu können. (Dolch, 1965, zitiert nach Seel & Hanke, 2015, S. 29)

Eine bekannte Lerntheorie ist die Verhaltenstheorie, auch *behavioristische Theorie* genannt. Diese betrachtet Lernen als eine beobachtbare Verknüpfung eines spezifischen Reizes mit einer Reaktion des Organismus auf diesen Reiz. Die klassische Konditionierung gibt hier den Ausgangspunkt an. Eines der bekanntesten Beispiele ist das der Pawlow'schen Hunde. In der Anlage ist dieses in Form einer Abbildung dargestellt.

In kritischer Auseinandersetzung mit dem behavioristischen Lernbegriff hat die Gestaltpsychologie schon früh die *Theorie des Lernens durch Einsicht* entgegengesetzt. Nach dieser Theorie ist Lernen ein Prozess der Umorganisation von Erfahrungen, der so lange andauert, bis im Moment der Einsicht[1] die Lösung des Problems erkannt wird. Dieses Lernverständnis war der Ausgangspunkt für viele kognitive Theorien der 2. Hälfte des 20. Jahrhunderts.

Kognitionen sind dabei alle Vorgänge der Informationsverarbeitung, anhand derer der Lernende Kenntnis von seiner Umwelt erlangt, hauptsächlich aber Vorgänge des Wahrnehmens, Vorstellens, des Denkens und Urteilens sowie der Sprache. (Seel & Hanke, 2015, S. 31)

---

[1] Auch als *Aha-Effekt* bekannt

Eine weitere große Lerntheorie neben der *Verhaltenstheorie* und der *kognitiven Theorie* ist die *Theorie des Modellernens*. (Seel & Hanke, 2015, S. 29)

Albert Bandura, einer der führenden Psychologen der 2. Hälfte des 20. Jahrhunderts, verbindet darin die zwei vorher genannten Theorien. Der zentrale Lerntyp ist das Beobachtungslernen. „Der Mensch beobachtet seine Umwelt, interpretiert seine Eindrücke, generiert Handlungsentwürfe und wertet ihre Wirkungen aus." (Gudjons & Traub, 2016, S. 224) Kognitive Prozesse sind stets eng mit emotionalen, motivationalen und volitionalen Vorgängen verbunden. (Edelmann, 2000)

Eine neurobiologisch abgesicherte Bestätigung dieser Prozesse ist die Entdeckung der sogenannten *Spiegelneuronen*. „Spiegelneuronen werden manchmal auch Simulations- oder Empathieneuronen genannt, und sind Nervenzellen, die im Gehirn während der Betrachtung eines Vorgangs die gleichen Potenziale auslösen, wie sie entstünden, wenn dieser Vorgang nicht bloß passiv beobachtet, sondern aktiv ausgeführt würde. Spiegelneuronen bilden im Gehirn des zuschauenden oder beteiligten Menschen nicht nur Handlungen nach, sondern auch Empfindungen und Gefühle. Es sind also Gesamteindrücke, die man von anderen Menschen gewinnt, und Emotionen, Motivationen, Handlungsstrategien etc. von Menschen, mit denen man intensiv zu tun hat [...]. (Werner Stangl, 2018)

Bandura selbst bezeichnet seine Theorie auch als *sozial-kognitive Theorie*. Das menschliche Gehirn speichert Informationen nicht nur ab, sondern ordnet es zu komplexen Netzwerken. Neben den einzelnen Informationen merkt es sich außerdem, unter welchen Umständen, wo und wann ein Ereignis stattgefunden hat. Die emotionalen Begleitumstände spielen dabei ebenfalls eine große Rolle, diese fördern nachweislich die Gedächtnisleistung. (Gudjons & Traub, 2016, S. 225–226)

Emotion kann als komplexes Muster körperlicher und mentaler Veränderungen, wie physiologischer Erregung, Gefühle, kognitiver Prozesse und Reaktionen im Verhalten eines Menschen, als Antwort auf eine Situation, die als persönlich bedeutsam wahrgenommen wird, definiert werden. Der Unterschied zwischen Emotion und Stimmung liegt in der Intensivität und Dauer. Eine Stimmung ist oft weniger intensiv und kann mehrere Tage andauern, während sich eine Emotion als spezifische und komplexe Reaktion auf ein bestimmtes Ereignis sehr intensiv und eher kurzlebig äußert. (Gerrig, 2015, S. 458)

Der direkte Zusammenhang bzw. Einfluss von Emotionen auf Lernen und Leistungen kann anhand des Lernens in der Schule gut beobachtet werden. (Arenberg, 2017, S. 59) Dabei können die Emotionen Einfluss auf kognitive Ressourcen, intrinsische und extrinsische Motivation sowie die Lernstrategie nehmen. (Frenzel, Götz & Pekrun, 2015, S. 219)

„Motivation ist der allgemeine Begriff für alle Prozesse, die der Initiierung, der Richtungsgebung und der Aufrechterhaltung physischer und psychischer Aktivitäten dienen." Motivation stammt vom Lateinischen *movere* und bedeutet *bewegen*. (Gerrig, 2015, S. 420)

Es wird unterschieden zwischen intrinsischer und extrinsischer Motivation. Intrinsisch ist die Motivation dann, wenn sie aus der Tätigkeit selbst oder aus deren Ergebnis herrührt. Man spricht von extrinsischer Motivation, wenn diese aus den Folgen von Handlung und Ergebnis, Selbst- und Fremdbewertung oder durch materielle Belohnung erfolgt. (Heckhausen & Heckhausen, 2018, S. 6)

Pekrun und Jerusalem (1996) schlagen folgende Kategorisierung von Lern- und Leistungsemotionen vor:

Tabelle 1: Klassifikation lern- und leistungsrelevanter Emotionen

Bezugsrahmen	Zeitperspektive	Emotionen	
		positiv	*negativ*
aufgabenbezogen	*prozessbezogen*	Lernfreude	Langeweile
	prospektiv (zukunftsbezogen)	Hoffnung	Angst
		Vorfreude	Hoffnungslosigkeit
		Ergebnisfreude	Traurigkeit
	retrospektiv (vergangenheits-bezogen)	Erleichterung	Enttäuschung
		Stolz	Scham/Schuld
		Dankbarkeit	Ärger
sozial		Empathie	Neid
		Bewunderung	Verachtung
		Sympathie/Liebe	Antipathie/ Hass

Quelle: Eigene Darstellung in Anlehnung an Pekrun & Jerusalem, 1996

Die Tabelle berücksichtigt die Ordnungskriterien positiv und negativ, sowie aufgabenbezogene und soziale Emotionen. Die aufgabenbezogenen Emotionen können des Weiteren in prozessbezogene, prospektive und retrospektive Emotionen eingeteilt werden. Hieraus wird ersichtlich, dass im Lern- und Leistungskontext das Erleben einer Vielzahl von Emotionen möglich ist. Dieses Wissen hilft bei der Sensibilisierung von Lehrkräften gegenüber der Lern- und Leistungsemotionen bzw. -motivation von Schülern. (Götz, Zirngibl & Pekrun, 2004, S. 53–54)

Emotionen lösen ein entsprechendes Verhalten aus, dabei spricht man von der *motivationalen Komponente*. Wenn ein Schüler zum Beispiel Angst vor dem Schulleiter hat, so wird er versuchen, ihm eher seltener zu begegnen und er wird bei einem Aufeinandertreffen mit Zurückhaltung reagieren. Dagegen können positive Emotionen, wie z.B. Lernfreude während einer interessanten Unterrichtsstunde auch zu erhöhter Kreativität anregen oder andere positive Affekte erzeugen.

Neben der motivationalen Komponente gibt es noch:

- die *sensorische Komponente*:

  Diese kennzeichnet den Beginn einer Emotion. Ein Ereignis wird von einem Subjekt über die Sinne wahrgenommen.

- die *kognitive Komponente*:

  Die Bewertung einer Situation bezieht sich auf die kognitive Komponente von Emotionen. Wenn man bspw. Angst vor einer Prüfung hat, so denkt man möglicherweise an die negativen Folgen im Falle eines Versagens: „Ich werde die Versetzung in die nächste Klasse nicht schaffen". Andersherum können nach einer erfolgreichen Prüfung Gefühle, wie z.B. Stolz, mit positiven Gedanken verbunden sein: „Meine Eltern werden Augen machen, wenn sie die tolle Note sehen". (Frenzel & Stephens, 2017, S. 19–22)

- die *physiologische Komponente*:

  Das Erleben einer Emotion am bzw. im Körper meint die physiologische Komponente. Bei dem Gefühl von Bedrohung können dies z.B. ein erhöhter Pulsschlag, Schweißausbrüche, schnelles Herzklopfen und ein erhöhter Muskeltonus sein. (MEDI-LEARN, 2006, S. 11) und

- die *expressive Komponente*:

Diese bezieht sich auf Mimik und Gestik, die beim Erleben einer Emotion spontan auftreten. Dadurch wird diese für den Interaktionspartner erkennbar (to express bedeutet im englischen „ausdrücken"). Kommt man bspw. in ein Klassenzimmer und die Schüler darin sitzen alle mit hängendem Kopf und heruntergezogenen Mundwinkeln an den Plätzen, so könnte man vermuten, dass diese eine schwierige Prüfung geschrieben haben. (Frenzel & Stephens, 2017, S. 19–22)

Am Beispiel von Peter L. lässt sich gut erkennen, wie eine negative Emotion wie Angst bzw. Panik sich auf den Verlauf und den Erfolg einer Prüfung ausüben kann:

Abbildung 4: Beispiel negative Gefühle während einer Prüfung a. d. Praxis

Peter L., 20 Jahre

Neulich, in meiner ersten Algebra-Prüfung meines Mathe-Studiums, saß ich da und las mir die Aufgaben durch. Gleich bei der ersten Aufgabe dachte ich mir: Oh Gott! *Ein Aufgabentyp, auf den ich mich nicht vorbereitet habe!* In mir stieg ein unglaubliches *Gefühl der Panik* hoch. *Ich konnte mich nicht mehr auf die Aufgaben konzentrieren* und fing an *zu zittern und zu schwitzen.* Ich versuchte mir die weiteren Aufgaben durchzulesen und *mir selbst zu sagen, dass ich doch ungefähr wissen musste, wie die Aufgaben zu lösen sind.* Aber *mein Kopf war wie leergefegt.* Ich sah meine Lernzettel genau vor mir. Aber ich konnte nichts erkennen. *Ich wollte aufgeben...die Klausur abgeben.* Ich rechnete irgendwas vor mich hin, aber ich glaube, das meiste war falsch. *Seitdem habe ich ziemliche Angst vor der Zukunft* und frage mich, ob ich das Studium nicht hinschmeißen sollte; *ob ich einfach zu unbegabt dafür bin...*

Peter hat sich schon ab dem Lesen der ersten Aufgabe von seinem Gefühl der Angst bzw. Panik leiten lassen. Er hat sofort negative Gedanken mit dieser Emotion verbunden und konnte sich ab diesem Zeitpunkt nicht mehr auf die Prüfung konzentrieren. Dies hat bei ihm auf der physiologischen Ebene körperli-

Quelle: Beispiel von Frenzel & Stephens, 2017, S. 17

che Reaktionen wie zittern und schwitzen ausgelöst. Obwohl er sich selbst positiv zugeredet hat, hat das Gefühl in ihm eine Blockade ausgelöst, er konnte nicht mehr auf seine kognitiven Ressourcen zugreifen. Seine Motivation die weiteren Aufgaben zu lösen schwand dadurch und diese Situation hat sich negativ auf sein Selbstbild ausgewirkt. Peters Beispiel ist ein Argument dafür, **Emotionen beim Lernen auszugrenzen**. (Frenzel & Stephens, 2017, S. 17)

Wie sich eine positive Emotion bezüglich eines Lerngegenstandes in eine negative Emotion wandeln kann, ist am Beispiel von Erika G. gut zu erkennen.

Abbildung 5: Beispiel von einer positiven zu einer negativen Emotion

Erika G., 21 Jahre
Ich kann mich gut erinnern, wie wir Hamlet im Englischunterricht gelesen haben. Ich habe mich *erfreut gemeldet*, um einen bestimmten *Textausschnitt vorzulesen*, *weil ich ihn aus dem Musical „Hair" sehr gut kannte*. Beim Vorlesen habe ich im Kopf mitgesungen und musste gar nicht auf den Text im Buch schauen, weil ich ihn so gut im Kopf hatte. Als ich fast fertig war, merkte ich, wie die Lehrerin über mich lachte. Ich hörte sofort auf, den Text vorzulesen und wurde *ganz rot im Gesicht*. Ich fragte, warum sie lachte und sie sagte, ich hätte ein Wort ganz „komisch" ausgesprochen (so wurde es aber im Musical gesungen und ich habe es nur nachgeahmt!).
Mir war das unheimlich *peinlich*. Aber zur gleichen Zeit dachte ich mir auch, das ist doch gemein, dass sie mich auslacht, und wurde geradezu etwas *sauer auf die Lehrerin*. Danach habe ich nur noch vom Buch abgelesen ohne im Kopf mitzusingen. Das hat dann *nicht mehr sonderlich Spaß gemacht*...

Erika war durch ein persönliches Erlebnis bereits positiv mit dem Lerngegenstand vertraut. Sie war dadurch intrinsisch motiviert, sich zu melden und hatte Freude beim Vorlesen des Textes. Als sie merkte, dass die Lehrerin sich über sie lustig gemacht hatte, reagierte sie sofort auf der physio-

Quelle: Beispiel von Frenzel & Stephens, 2017, S. 16–17

logischen Ebene mit einem rot anlaufenden Gesicht. Dies war die Reaktion ihres Körpers auf das Gefühl von Scham. Zugleich wurde sie sauer auf die Lehrerin, da sie es als ungerecht empfand von ihr ausgelacht zu werden. Dieses Ereignis hat den Wert des Lerngegenstandes für Erika gesenkt und sie empfindet in Folge dessen geringere Freude dafür. (Frenzel & Stephens, 2017, S. 16–17)

Dieses Beispiel ist ein Argument dafür, **Emotionen beim Lernen auszugrenzen**. Durch das Gefühl der Scham wurde Erika von der eigentlichen Aufgabe des Lesens abgelenkt. Sie ist ihren negativen Gefühlen nachgegangen und ist mit ihren Gedanken abgeschweift, „es ist gemein, dass die Lehrerin mich auslacht". In diesem Fall haben ihre Emotionen ihre Leistung negativ beeinträchtigt. (Frenzel & Stephens, 2017, S. 49)

Genauso lassen sich aber auch positive Emotionen und ihre Auswirkungen auf die Person oder den Lerngegenstand beobachten.

Beim Beispiel von Anja D. fällt auf, dass sich selbst aus einem anfänglichen Misserfolg ein Erfolg und am Ende ein positives Gefühl entwickeln kann.

Abbildung 6: Beispiel positive Emotionen „auf Umwegen"

Anja D., 19 Jahre

Ich weiß es noch genau, wie ich in der 8. Klasse von meiner Musiklehrerin ausgewählt wurde, ein Klang-Glocken Solo-Stück mit Klavierbegleitung vor der ganzen Schule zu spielen. Ich *habe das Stück unheimlich gemocht* und habe es jeden Tag für über einen Monat lang *fleißig geübt* – am Ende habe ich es im Schlaf spielen können. Am Tag der Aufführung stand ich vor 500 Leuten mit den vielen Glocken vor mir auf dem Tisch und war *ganz kribbelig vor Freude!* Meine Musiklehrerin fing mit dem Klavier-Intro des Stückes an und ich begann die Glocken zu spielen – doch auf einmal war an einer Stelle irgendwas falsch. Meine Lehrerin hat noch mal mit dem Klavier-Intro angefangen, *ich fing auch wieder an,* und wieder kam dieser Fehler von mir! Aber ich wusste einfach, dass ich das Stück so gut konnte! Dann habe ich mich *ganz doll auf die Glocken konzentriert* und auf den Tisch geschaut, bis ich festgestellt habe, dass zwei Glocken vertauscht waren! Ich habe sie ganz schnell richtig aufgestellt, habe meine Lehrerin selbstbewusst angeschaut, zugenickt und ich habe das Stück bis zum Ende super gespielt. Ich war so *stolz* auf mich!

Quelle: Beispiel Frenzel & Stephens, 2017, S. 16

Anja maß dem Lerngegenstand einen positiven Wert bei, da sie eine Vorliebe für besagtes Solo-Stück empfand. Durch diese Vorliebe war sie intrinsisch motiviert und strengte sich an, um am Ende eine gute Aufführung zu erleben. Als sie vor der Menschenmasse stand, spürte sie eine positive Aufregung, welche sich auf der physiologischen Komponente durch ein „Kribbeln" im Körper äußerte. Im Laufe des Stücks machte Anja wiederholt einen Fehler, anstatt allerdings wegen des Misserfolgs mit dem Spielen aufzuhören, wurde sie durch ihre positiven Gedanken, sprich der kognitiven Komponente motiviert und konnte sich dadurch sehr gut konzentrieren. Am Ende hat dann alles geklappt und Anja überkam als Ergebnis des Erfolgs ein Gefühl von Stolz. (Frenzel & Stephens, 2017, S. 16)

Im Beispiel von Anja finden sich gleich zwei Argumente dafür, warum man **Emotionen in den Lernprozess miteinbeziehen** sollte. Erstens hat die kognitive Komponente der positiven Emotion von Anja „ich kann das so gut" dazu beigetragen, dass sie sich trotz den zwei Fehlern wieder vollständig auf ihre Aufgabe fokussieren konnte. Zweitens hat sie am Ende dadurch sogar von einer Leistungssteigerung profitiert. (Frenzel & Stephens, 2017, S. 49)

Textteil zu Aufgabe A₃

Als Alternative zum behavioristischen Menschenbild mit mechanistischem Reiz-Reaktion-Schema und den psychoanalytisch triebgesteuerten Ansätzen gründeten Abraham Maslow, Carl Rogers und Charlotte Bühler Anfang der sechziger Jahre die Gesellschaft für Humanistische Psychologie. Sie wollten sich damit klar von den o.g. Strömungen abgrenzen.

Die Wurzeln der humanistischen Psychologie liegen vor allem in der Philosophie und in der Tiefenpsychologie. Nach diesem Paradigma ist das Ziel eines jeden Individuums die Selbstverwirklichung.

Die Kennzeichen des Menschenbildes der humanistischen Psychologie sind:

- *Autonomie und soziale Interdependenz:* Das Streben eines jeden Menschen nach Unabhängigkeit und Freiheit, von Geburt an. Zu seinem Streben nach Autonomie muss der Mensch sich in sozialen Kontexten bewegen.

- *Selbstverwirklichung:* Der Mensch strebt gemäß seinen Fähigkeiten und anderen Möglichkeiten danach, sich zu entfalten. Nach Befriedigung der Defizitbedürfnisse können die Wachstumsbedürfnisse[2] als Antrieb wirken.

- *Ziel- und Sinnorientierung:* Menschliches Handeln erfolgt nicht zufällig oder wahllos sondern ist immer auf ein Ziel gerichtet. Dabei existiert stets das Bestreben nach einem sinnvollen Dasein.

- *Ganzheitlichkeit:* Psychische und körperliche Prozesse und Vorgänge sind nicht getrennt zu betrachten, sie bilden eine Einheit. (Arenberg, 2016, S. 61–62)

Dieses Ziel der Selbstverwirklichung steht laut Abraham Maslow (1908-1970), einem der bedeutendsten humanistischem Psychologen, an der Spitze der von ihm entwickelten *Bedürfnispyramide*. Nach seiner Theorie bilden grundlegende Bedürfnisse eine Hierarchie. (Gerrig, 2015, S. 425)

---

[2] Wird später im Text noch genauer erläutert.

Abbildung 7: Maslows Bedürfnishierarchie

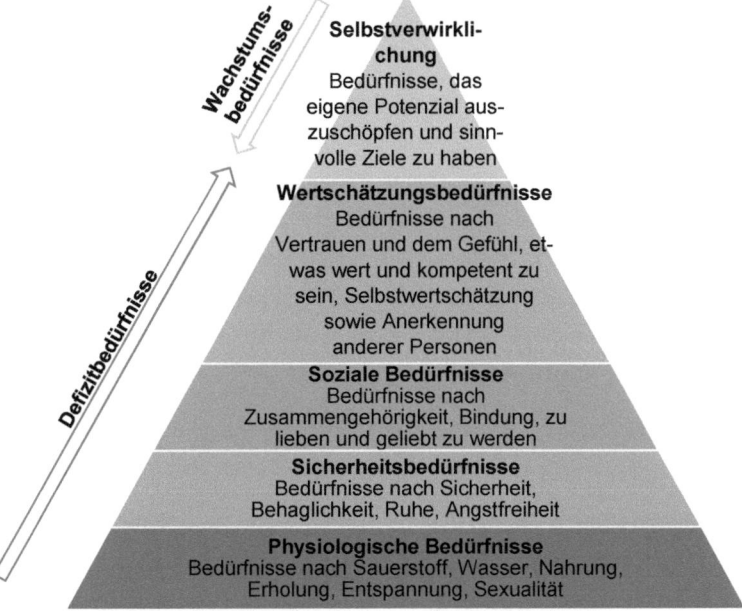

Quelle: Eigene Darstellung in Anlehnung an Gerrig, 2015, S. 425

Solange die Bedürfnisse der niederen Hierarchieebenen unbefriedigt bleiben, dominieren diese, laut Maslow, die Motivation einer Person. Die Bedürfnisse der höheren Ebenen werden erst dann interessant, wenn den Defizitbedürfnissen adäquat entsprochen wurde. (Gerrig, 2015, S. 425) Die Bedürfnisse des Menschen bewegen sich in einem Spektrum von tierischen Trieben bis hin zu höheren menschlichen Bedürfnissen. (Arenberg, 2016, S. 63)

Die erste Ebene der Pyramide bilden die *Physiologischen Bedürfnisse* (physiological needs). Solange diese biologischen Bedürfnisse nicht erfüllt sind ist es sehr unwahrscheinlich, dass andere Bedürfnisse die Handlungen des Individuums beeinflussen. Sind diese jedoch befriedigt geht es weiter auf der nächst höheren Ebene, die der *Sicherheitsbedürfnisse* (safety and security needs). Fühlt ein Mensch sich sicher und ist auf dieser Ebene zufriedengestellt, motiviert er sich durch die *Sozialen Bedürfnisse* (love and belonging needs). (Gerrig, 2015, S. 426) Auf dieser Ebene stehen vor allem das Zugehörigkeitsgefühl und das Teilhaben wollen an der Gemeinschaft im Zentrum der Motivation. Die nächst höhere Ebene ist dann die der *Wertschätzungsbedürfnisse* (esteem needs).

Hierzu zählt sowohl das Geschätzt und Respektiert werden von anderen Personen als auch die Selbstachtung, Selbstliebe sowie das Streben nach Kompetenz/ Leistung/ Unabhängigkeit. Diese 4 Ebenen bilden die *Defizitbedürfnisse*. Zum Schluss steht ganz oben an der Spitze die **Selbstverwirklichung** (self-actualization). Diese steht für das Verlangen nach Selbsterfüllung und Selbstentfaltung, wie für den Wunsch, die eigene Persönlichkeit zu entwickeln. Anders als bei den Defizitbedürfnissen kann der Mensch die Selbstverwirklichung nicht unabhängig von seiner Umwelt und politischen Rahmenbedingungen[3] erlangen. (Arenberg, 2016, S. 63–64) Sie ist aus der Sicht Maslows ein *Wachstumsmotiv bzw. -bedürfnis*, da die Entwicklung eines Menschen ein stetiger und lebenslanger Prozess ist. (Seel & Hanke, 2015, S. 419)

Folgende Studie gibt die Grundlage dafür, wie die genannten Bedürfnisse auf das Leben eines Obdachlosen angewandt bzw. übertragen werden können.

Die ASH Berlin hat in Kooperation mit EBET e.V. die 1. systematische Untersuchung von Lebenslagen wohnungsloser Menschen in Auftrag gegeben. Bisher gab es keine belastbaren Daten von Wohnungslosen, ihren Bedürfnissen und Mängeln. Für die Studie wurden 1135 wohnungslose Menschen in 70 Einrichtungen in ganz Deutschland, mittels einem Fragebogen befragt. Sie ist repräsentativ für die obdachlosen, erwachsenen Menschen in Deutschland, die die Hilfe in den bundesweiten diakonischen Einrichtungen der Wohnungslosen- und Straffälligenhilfe beanspruchen.

Für die Zielgruppe wurde ein „Lebenslagenindex" entwickelt, der die Bereiche: Materielle Situation, Erwerbsarbeit, Wohnen, Gesundheit, Sicherheit sowie Partizipation/Soziale Netzwerke beinhaltet. Diese konnten in fünf Lebenslagen von „sehr gut" bis „sehr schlecht" eingeschätzt werden. Dies geschah mittels des Fragebogens, der aus je einer objektivierbaren Frage sowie einer subjektiven bestand. Außerdem beinhaltete er eine Einschätzungsfrage zu jedem Lebensbereich sowie wenige soziodemografische und eine abschließende „Zukunftsfrage" zur Einschätzung der eigenen Lebenssituation in einem Jahr. (Gerull, 2018, S. 3)

---

[3] Bspw. eine gesellschaftliche und ökonomische Ordnung und Freiheit

Anhand der folgenden Gegenüberstellung in der Tabelle wird geprüft, in wie weit man die aus dieser Studie gewonnenen Daten auf die einzelnen Ebenen der Bedürfnispyramide von Abraham Maslow übertragen kann.

Tabelle 2: Die Lebenswelt Obdachloser in Bezug auf die Bedürfnispyramide von Abraham Maslow

Die Ebenen der Bedürfnispyramide von Maslow	Übertragung auf die Lebenswelt Obdachloser
Physiologische Bedürfnisse	Gesundheit, Materielle Situation
Sicherheitsbedürfnisse	Wohnung, Arbeit, Sicherheit
Soziale Bedürfnisse	Partizipation/Soziale Netzwerke
Wertschätzungsbedürfnisse	Einschätzung der Lebenssituation in einem Jahr
Selbstverwirklichung	-

Quelle: Eigene Darstellung in Anlehnung an die Studie der ASH Berlin in Kooperation mit EBET e.V.

Die erste Ebene der Bedürfnishierarchie zu erfüllen bereitet im Leben eines Obdachlosen bereits Probleme. Betrachtet man z.b. die Gesichtspunkte *Gesundheit* im Sinne von medizinischer Versorgung, sowie die *materielle Situation* der Betroffenen wird deutlich, dass diese meist nicht in der Lage sind, ihre biologischen Bedürfnisse zu 100 % zu erfüllen. Die Mehrzahl (77.1 %) hat zwar Zugang zu medizinischer Regelversorgung, 7,2 % der befragten Wohnungslosen haben allerdings keinen. Außerdem können sich mehr als die Hälfte (54,2 %) mit ihren finanziellen Mitteln nicht das leisten, was ihnen wichtig ist.

In Anbetracht der nächst höheren Ebene, der der Sicherheitsbedürfnisse, sind die Lebensumstände in den Bereichen Wohnung, Arbeit und Sicherheit von den Befragten nicht positiver bewertet worden. 63,9 % sind mit ihrer Erwerbssituation unzufrieden. 65 % sind erwerbslos, davon 52,2 % schon seit mehr als 12 Monaten. Im Bereich Wohnen sind insgesamt nur 1/3 aller Befragten zufrieden. Die Obdachlosen haben oft keine andere Wahl, als in äußerst prekären Wohn-/ Unterkunftssituationen wie z.B. Zelten, Straßen oder Abrisshäusern zu verweilen (14,1 %). Nur 33,5 % leben in Einrichtungen nach §§ 67 ff. SGB XII. Beim Thema Sicherheit hat zwar fast die Hälfte aller Betroffenen in den letzten 6 Monaten keine bedrohliche Situation erlebt, trotzdem fühlen sich 29,1 % in ihrer jetzigen Lebenssituation unsicher/ sehr unsicher.

Auf der Ebene der Sozialen Bedürfnisse wird durch die Studie sehr deutlich, wie weit unten wohnungslose Menschen durch ihre Situation in der Gesellschaft angesiedelt sind, bzw. wie sie von der Gesellschaft gesehen und behandelt werden. 38,4 % geht es schlecht/ sehr schlecht mit ihren privaten Beziehungen. Lediglich 7,9 % gaben an, dass sie mindestens sechs Unterstützer in ihrem Leben haben. 30,3 % der Befragten haben sogar Niemanden, der sie bei Problemen unterstützt oder ihnen im Alltag Hilfe leistet/ leisten würde.

Auf den Ebenen *Wertschätzungsbedürfnisse* und *Selbstverwirklichung* wird eine Übertragung auf die Lebenswelt der Befragten noch schwieriger, bzw. ist diese kaum mehr möglich. Einzig die „Zukunftsfrage" zur Einschätzung der eigenen Lebenssituation in einem Jahr könnte noch in diese Richtung gehen. Hier zeigt sich sogar ein erstaunlicher Optimismus: Fast 3/5 aller Teilnehmer der Umfrage (58.8 %) denken, dass sich ihre Lebenssituation verbessert haben wird. (Gerull, 2018, S. 16,17,21,22)

Abschließend kann man sagen, dass die Erfüllung der ersten 3 Ebenen der Bedürfnishierarchie für einen Menschen ohne Wohnung im Fokus liegt. Ohne die vollständige Befriedigung dieser sind Wertschätzungsbedürfnisse und Selbstverwirklichung, zumindest temporär, von geringer Bedeutung. Meist fehlen dazu sowohl die nötigen liquiden Mittel als auch der eigene Wille der Betroffenen.

Anlagen

Anlage 1: Klassische Konditionierung, Experiment von Pawlow

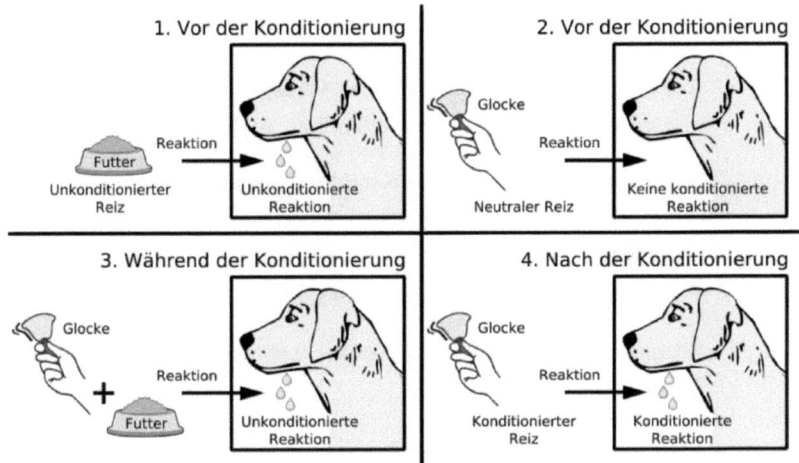

Quelle: (https://de.wikipedia.org/wiki/Pawlowscher_Hund#/media/Datei:Pavlov's_dog.svg:
© Vincent Danet), zuletzt abgerufen am 21.12.2018 um 10:35 Uhr

Literaturverzeichnis

Arenberg, P. (2016). *Einführung in die theoretischen Ansätze der Psychologie.* Titel-Nr. 1156-02 (2. Auflage). Riedlingen: Studienbrief der SRH Fernhochschule.

Arenberg, P. (2017). *Grundlagen der Pädagogik für die Soziale Arbeit.* Titel-Nr. 1307-01 (1. Aufl.). Riedlingen: Studienbrief der SRH Fernhochschule.

Bartscher, T. & Nissen, R. (Gabler Wirtschaftslexikon, Hrsg.). (2018). *Handlungskompetenz. Ausführliche Definition,* Springer Fachmedien Wiesbaden GmbH. Zugriff am 17.12.2018. Verfügbar unter https://wirtschaftslexikon.gabler.de/definition/handlungskompetenz-32164/version-255711

Edelmann, W. (2000). *Lernpsychologie* (Lehrbuch, 6., vollst. überarb. Aufl.). Weinheim: Beltz PVU.

Erpenbeck, J., Heyse, V., Meynhardt, T. & Weinberg, J. (2007). *Die Kompetenzbiographie. Wege der Kompetenzentwicklung* (2., aktualisierte und überarb. Aufl.). Münster: Waxmann.

Frenzel, A. C., Götz, T. & Pekrun, R. (2015). Emotionen. In E. Wild & J. Möller (Hrsg.), *Pädagogische Psychologie* (Springer-Lehrbuch, 2. Aufl. 2015. vollst. überarb. u. aktualisierte, S. 201–224). Berlin, Heidelberg: Springer Berlin Heidelberg. https://doi.org/10.1007/978-3-642-41291-2_9

Frenzel, A. C. & Stephens, E. J. (2017). Emotionen. In T. Goetz (Hrsg.), *Emotion, Motivation und selbstreguliertes Lernen* (StandardWissen Lehramt, Bd. 3481, 2., aktualisierte Auflage). Paderborn: Ferdinand Schöningh; UTB.

Gerrig, R. J. (2015). *Psychologie* (Always learning, 20., aktualisierte Auflage). Hallbergmoos: Pearson.

Gerull, S. (2018). *1. systematische Lebenslagenuntersuchung wohnungsloser Menschen. Eine Studie der ASH Berlin in Kooperation mit EBET e. V.* Berlin: ASH Berlin in Kooperation mit EBET e. V. Zugriff am 29.12.2018. Verfügbar unter https://www.ebet-ev.de/nachrichten-leser/erste-systematische-untersuchung-der-lebenslagen-wohnungsloser-menschen.html?file=files/E-BET/Nachrichten/2018/ASH%2BEBET_Lebenslagenuntersuchung_2018.pdf

Götz, T., Zirngibl, A. & Pekrun, R. (2004). Lern- und Leistungsemotionen von Schülerinnen und Schülern. In T. Hascher (Hrsg.), *Schule positiv erleben. Ergebnisse und Erkenntnisse zum Wohlbefinden von Schülerinnen und Schülern* (Schulpädagogik - Fachdidaktik - Lehrerbildung, Bd. 10). Bern: Haupt. Zugriff am 22.12.2018. Verfügbar unter http://nbn-resolving.de/urn:nbn:de:bsz:352-139029

Gudjons, H. & Traub, S. (2016). *Pädagogisches Grundwissen. Überblick - Kompendium - Studienbuch* (UTB Pädagogik, Bd. 3092, 12., aktualisierte Auflage). Bad Heilbrunn: Verlag Julius Klinkhardt.

Heckhausen, H. & Heckhausen, J. (2018). Motivation und Handeln: Einführung und Überblick. Situationsfaktoren: Intrinsische und extrinsische Anreize. In J. Heckhausen & H. Heckhausen (Hrsg.), *Motivation und Handeln*. Berlin, Heidelberg: Springer Berlin Heidelberg.

Herold, E. E. (2001). Theoretische und methodische Grundlagen für die ambulante Pflege. In E. E. Herold & M. H. Brunen (Hrsg.), *Grundlagen - Pflegeanleitung, Pflegeberatung, Pflegeprozess, kommunikative Methoden - ganzheitliche, integrative Pflege* (Schlütersche Pflege, die Pflege gesunder und kranker Menschen / M. Helgard Brunen ... ; Bd. 1, 2., überarb. und erg. Aufl.). Hannover: Schlüter.

Maus, F., Nodes, W. & Röh, D. (2013). *Schlüsselkompetenzen der Sozialen Arbeit. für die Tätigkeitsfelder Sozialarbeit und Sozialpädagogik* (4. Aufl.). Schwalbach/ Ts.: WOCHENSCHAU Verlag.

MEDI-LEARN (Hrsg.). (2006). *Psychologie 2. Grundlagen, Krankheitsmodelle und Psychotherapie* (Medi-Learn-Skriptenreihe, die Physikumsskripte / Franziska Dietz ; Bd. 2, 1. Aufl.). Marburg/Lahn: Medi-Learn.

Mertens, D. (1974). Schlüsselqualifikationen. Thesen zur Schulung für eine moderne Gesellschaft. *Mitteilungen aus der Arbeitsmarkt- und Berufsforschung*, H. 1, S. 36–43. Zugriff am 18.12.2018. Verfügbar unter http://doku.iab.de/mittab/1974/1974_1_MittAB_Mertens.pdf

Pekrun, R. & Jerusalem, M. (1996). Leistungsbezogenes Denken und Fühlen: . Eine Übersicht zur psychologischen Forschung. In J. Möller & K. O (Hrsg.), *Emotionen, Kognitionen und Schulleistung* (Pädagogische Psychologie Motivationspsychologie, S. 3–22). Weinheim: Beltz Psychologie-Verl.-Union.

Raithel, J., Dollinger, B. & Hörmann, G. (2009). *Einführung Pädagogik. Begriffe, Strömungen, Klassiker, Fachrichtungen* (3. Aufl.). Wiesbaden: VS Verlag für Sozialwissenschaften / GWV Fachverlage GmbH Wiesbaden. https://doi.org/10.1007/978-3-531-91828-0

Roth, H. (1971). *Entwicklung und Erziehung:. Grundlagen einer Entwicklungspädagogik* (Pädagogische Anthropologie, Bd. 2). Hannover: Schroedel.

Seel, N. M. & Hanke, U. (2015). *Erziehungswissenschaft. Lehrbuch für Bachelor-, Master- und Lehramtsstudierende*. Berlin: Springer VS. https://doi.org/10.1007/978-3-642-55206-9

Thesing, T., Geiger, B., Erne-Herrmann, P. & Klenk, C. (2008). *Sozialpädagogische Praxisfelder. Ein Praxisbuch zur Berufs- und Institutionskunde für Sozialpädagogische Berufe* (2. überarbeitete Auflage). Freiburg: Lambertus-Verlag.

Werner Stangl. (2018). *Stichwort: Spiegelneuronen*, Online Lexikon für Psychologie und Pädagogik. Zugriff am 21.12.2018. Verfügbar unter http://lexikon.stangl.eu/932/spiegelneuronen/

Westera, W. (2001). Competences in education: A confusion of tongues. *Journal of Curriculum Studies, 33*, 75–88. https://doi.org/10.1080/00220270120625 https://doi.org/10.1007/978-3-642-55206-9

BEI GRIN MACHT SICH IHR WISSEN BEZAHLT

- Wir veröffentlichen Ihre Hausarbeit,
  Bachelor- und Masterarbeit

- Ihr eigenes eBook und Buch -
  weltweit in allen wichtigen Shops

- Verdienen Sie an jedem Verkauf

Jetzt bei www.GRIN.com hochladen und kostenlos publizieren